AF324801

EDICT DV ROY,

PORTANT CREATION DE
trois Offices de Cõseillers Receueurs
Payeurs des Gages & droicts des Tresoriers de France , & trois Conseillers Receueurs Payeurs des Gages &
droicts des Officiers des Eslections.
Auec attribution ausdits Receueurs &
Payeurs de six deniers pour liure de
taxation à eux hereditairement attribuez par le present Edict.

Verifié en la Chambre des Comptes le 23. De-
cembre 1626. & en la Cour des Aydes le
28. Iuin mil six cens vingt-sept

A PARIS,

Par P. METTAYER, A. ESTIENE,
& C. PREVOST, Imprimeurs &
Libraires ordinaires du Roy.

M. DCXXVII.

Auec Priuilege de sa Majesté.

LOVIS par la grace Dieu, Roy de France & de Nauarre , A tous presens & à venir , Salut. La necessité des despenses suruenuës és années precedentes en ce Royaume pour diuerses causes de tres-grande importance , Nous ayant obligé à la creation de plusieurs Offices , tant és Bureaux de nos Finances de nos Generalitez , Elections en chef en dependantes , qu'és Paroisses du ressort desdictes Elections contribuables à nos Tailles : Et ces creations venuës à vn tel nombre d'Offices , & les gages & droicts des Officiers à telle somme , qu'à present les Receueurs generaux de nos Finances , & les Receueurs des Tailles , chacun en droict soy , se trouuent dauantage occupez pour le payement des gages & droicts desdits Officiers & autres charges de leurs Receptes , qu'à faire porter nos deniers en nosdites Receptes generales, & en nostre Espargne. Mesme par ceste occupation sont si distraits du soin qu'ils doiuent auoir du recouurement de nosdits deniers , qui est la principale function de leurs offices , que souuent ils ne

font voiturez en noſtredite Eſpargne, que
quatre & cinq mois apres les quartiers ex-
pirez. D'ailleurs nous voyans forcez à faire quelque vtil reglement, pour pouruoir
aux plaintes continuelles que nous rece-
uons des vexations indeuës que ſouffrent
les Collecteurs de nos Tailles, à cauſe des
facultés par nous octroyées aux poſſeſſeurs
des Commiſſaires particuliers des viures,
Greffes des Eſlections, places de Clercs,
Gardes du petit ſeel, Greffiers des Affir-
mations, des Commiſſaires des Tailles &
autres, de receuoir leurs droicts par les
mains des Collecteurs, leſquels ou leurs
Procureurs, au lieu de conuenir enſemble
ſuyuant l'Arreſt de reglement interuenu
en noſtre Conſeil le 11. iour de Mars 1623.
d'vne ſeule perſonne en chacune Eſlectiõ,
pour faire le recouuremét de leurs droicts,
veulent que leſdicts Collecteurs les portét
à chacun en leur particulier ou leurs Procureurs, en la ville du Bureau de l'Eſlectiõ,
& de quartier en quartier, & s'ils manquét,
decernent leurs contraines ſur eux, qu'ils
font executer ſi rigoureuſement, que plu-
ſieurs deſdits Collecteurs en ſont ruinez:
Tellement que tous les habitans des paroiſſes, tant pour la crainte deſdites con-

traindes , que pour auoir à satisfaire à vn si
grand nombre de personnes , au lieu d'vn
seul Receueur des Tailles auquel ils auoiét
accoustumé de porter tous leurs deniers,
refusent ladite charge de Collecteur, & n'y
entrent qu auec peine & par contraindte:
En quoy lesdits possesseurs desdites charges & droicts se mesprennent eux mesmes,
dautant que croyans par ceste voye iouyr
de leursdits droicts auec plus de seureté, ne
considerent pas que rendans par ce proce-
dé extraordinaire, les Collecteurs insolua-
bles, ils courent hazard de souffrir de gran-
des non-valeurs & diminutions sur leurs
droicts. Sçavoir faisons , que ces in-
conueniens meurement considerez en nostre Conseil , ensemble le besoin que nous
auons de pourueoir promptement à l'vr-
gente necessité de nos affaires, De l'Aduis
de la Royne nostre tres-honorée Dame &
Mere , de nostre tres-cher Frere vnique le
Duc d'Orleans , des Officiers de nostre
Couronne , & autres grands & notables
personnages de nostredit Conseil , & de
nostre certaine science, pleine puissance &
authorité Royale , Nous auons par le present Edict perpetuel & irreuocable, creé &
erigé , creons & erigeons en chef & tiltre

d'Office formé, en chacun Bureau de nos Finances eſtably en chacune generalité de ce Royaume, trois nos Conſeillers Receueurs & Payeurs des gages, droicts de buſche, de preſence, d'eſpices & autres droits, de nos amez & feaux Conſeillers les Preſidens Treſoriers de France & Generaux de nos Fináces, enſemble des gages des Greffiers & Huiſſiers deſdits Bureaux : Et en chacune Eſlectiõ en chef, trois nos Cõſeillers Receueurs & Payeurs des gages, droits de cheuauchées, de taxatiõs, des creués ordinaires & extraordinaires, droicts d'eſpices, de calcul & ſignatures de roolles & de bordereaux, des Preſidens, Lieutenãs, Eſleus, de nos Aduocats, Procureurs, & Huiſſiers, ſoit que les droicts attribuez auſdites charges & offices ſe trouuent entierement poſſedez par les acquereurs d'iceux, ou par autres, reſerué les taxations des Receueurs des Tailles & Taillon ; droicts de quittances, & des baux des Aydes. Auſquels Offices preſentement creez, ſera par nous dés maintenant pourueu de perſonnes capables, & cy-apres, lors que vacatiõ y eſcherra par mort, forfaicture & reſignation : leſquelles exerceront leſdits offices de trois années vne, & ſucceſſiuement l'vne apres

l'autre: & iouyront des mesmes exemptiós
de tailles , taillon & creuës , priuileges &
immunitez, que nos Officiers des Bureaux
des Finances & d'Eslections de leur esta-
blissement, encores qu'ils ne soyent cy par
le menu specifiez; au corps desquels nous
les auons vnis & incorporez, vnissons & in-
corporons: & à ceste fin , auront entrée es-
dits Bureaux en l'année de leurdit exercice. A chacun desquels Offices, nous auons
attribué pour gages par année , dont sera
laissé fonds és Estats generaux de nos Finances, & particuliers des Tailles, Sçauoir
aux Receueurs & Payeurs des gages des
Officiers desdits Bureaux de nos Finances,
la somme de deux mil liures chacun : le
fonds desquels gages & de ceux des Officiers desdits Bureaux, reserué pour les Cõ-
troolleurs generaux de nos Finances qui
seront payez comme il est accoustumé, sera mis & deliuré de quartier en quartier, &
six semaines apres chacun d'iceux escheu,
par les Receueurs Generaux de nosdites
Finances , és mains desdits Receueurs &
Payeurs des generalitez , en vertu de leurs
simples quittances controollées desdits
Controolleurs generaux, que nous voulõs
seruir de descharge valable ausdits Rece-

ueurs generaux de nos Finances à la reddition de leurs eſtats & comptes. Et pour les
Receueurs Payeurs des gages & droicts
des Officiers de noſdites Eſlections, Nous
auons attribué & attribuons neuf cens liures tournois de gages par an à chacun de
ceux des Eſlections où les Eſleus ont cinq
cens liures de gages, & au deſſus, & ſix cens
liures de gages à chacun des autres , & outre ſix deniers tournois pour liure de taxation en l'année d'exercice de ce que montera la recepte actuelle qu'ils feront deſdits droits d'eſpices, de ſignatures de roolles & de bordreaux. Le fonds deſquels gages , enſemble ceux des autres Officiers
des Eſlectiõs, des droicts de cheuauchées,
taxations & des eſpices, façon & reddition
de comptes deſdits Receueurs & Payeurs,
ſera employé en vn ſeul article , ſous le nõ
deſdits Payeurs au chapitre des charges de
chacune recepte generale de nos Finances & particulieres des Tailles , Aydes &
Taillon, & payé de quartier en quartier , &
ſix ſemaines apres eſtre eſcheu, par les Receueurs de nos Tailles en exercice , és
mains deſdits Receueurs & Payeurs: comme auſſi nous voulons que les Receueurs
particuliers du Taillon & des Aydes, ou les
fer-

Fermiers, leur deliurent en vertu de leurſ-
dites quittances, ce qu'ils ont accouſtumé
payer auſdits Preſidens, Lieutenans & Eſleus, ſoit pour gages, droicts de cheuauchées ou autres cauſes, auſſi de quartier en
quartier. Et afin de ſoulager les Collecteurs de nos Tailles, du grand trauail &
deſpenſes qu'ils ont ſupportées iuſques icy
au payement des droicts par nous alienez
en chacune Eſlection à diuerſes perſonnes, pour raiſon dequoy nous auons fait en
noſtre Conſeil le 11. Mars 1623. le reglement cy attaché ſous le contreſeel de noſtre Chancellerie; Nous auons attribué &
attribuons par le preſent Edict, auſdits Receueurs & Payeurs ſeuls, la faculté de receuoir deſdits Collecteurs, tous les droicts
par nous cy deuant attribuez ou alienez
ſur les deniers de nos Tailles, aux Commiſſaires particuliers des viures, aux Greffiers deſdites Eſlections, Greffiers des Af-
firmations, des Preſentations, Gardes des
petits Seaux, & Maiſtres Clercs, pareillement pour les droicts des premiers & ſe-
conds offices de Commiſſaires des Tailles
des paroiſſes, encores que par noſtredit reglement, les droicts du premier creé ſoyent
exceptez d'iceluy : & generalement tous

les droicts qui de la mesme sorte pourront
estre à aduenir par nous & nos successeurs
vendus & alienez, sans qu'autres personnes y puissent estre nommées & commises
par les proprietaires. L'interest desquels
desirant aussi conseruer, nous voulons que
lesdicts Receueurs & Payeurs prennent
leurs procurations, afin de faire en vertu
d'icelles lesdits recouuremens, & s'obli-
gent d'en compter enuers eux comme de
Clerc à Maistre, & non en nos Chambres
des Comptes, dont en tant que besoin est
ou seroit, nous les auons dispensez & deschargez, dispensons & deschargeons par
cesdites presentes, & defendons à nosdites
Chambres d'en prendre cognoissance cõ-
formément à nos Edicts & Arrests de nostredit Conseil, ausquels nous n'entendõs
deroger, ains simplement pouruoir à la
perception desdits droicts au soulagement
desdits Collecteurs. Sur lesquels Receueurs & Payeurs, nous entendons que les
proprietaires desdits droicts alienez, ayent
pareil droict de contraincte apres le temps
de payement porté par nostredit reglement, qu'ils ont contre les Collecteurs des
Tailles par nosdits Edicts. Et pour les pei-
nes, salaires & vacations du recouurement

des droicts susdits par nous alienez aux
particuliers en chacune Eslection, mesme
de ceux de signatures de roolles & de
bordereaux, espices, & generalement
tous droicts hormis des gages, Nous leur
auons attribué six deniers tournois pour
liure, à raison de ce que montera leur maniement, qu'ils retiendront par leurs
mains de quartier en quartier, sur les deniers des droicts dont ils feront le recouurement, à la charge de payer à chacun desdits Officiers & proprietaire desdits droicts, ce qui leur reuiendra, aussi de
quartier en quartier, & dans les temps &
lieux par nous prescrits par le susdit Arrest
de Reglement du 11. Mars. Et dautát qu'en
establissant les Commissaires de Tailles, il
leur a esté prescrit de faire les roolles des
Paroisses, estimans que lesdits Offices qui
estoient petits, seroient leuez par gens re-
sidens sur les lieux qui les exerceroient en
personne, au soulagement des Asseeurs,
Collecteurs de nos Tailles : Neantmoins
lesdits Offices ayans esté vendus à personnes hors du ressort desdites Paroisses, &
mesme plusieurs desdits Offices ensemble, à vne mesme personne, & iusques à
des Eslections entieres, & auec pouuoir d'y

commetre pour l'exercice ; Ladite faculté
de commettre, se trouuans dommageable
aux Collecteurs, aussi bien que la charge
de faire les roolles ausdits Commissaires,
Nous aurions par Arrest de nostre Conseil
du   iourde
pour ce qui regardoit la Normandie, laissé à la liberté desdits acquereurs de se dé-
partir de la confection desdits roolles, &
en laisser le soin ausdits Collecteurs, pour
estre faicts par telles personnes qu'ils aduiseroient, en leur donnant pour y satisfaire,
vn sol pour liure des droicts desdits Commissaires. Ce que lesdits Asseeurs ayants
trouué vtile, & au soulagement de leurs
Paroisses, & d'eux-mesmes, se voyants dé-
gagez de plusieurs frais & incommoditez
qu'ils rencontroient pour se trouuer auec
lesdits Commis, & empéchez en la liberté
d'imposer à la Taille ceux qui la peuuent
le mieux porter, & bien souuent lesdits
Commissaires ou leurs Commis mesmes
tenans la plume se rendent considerables
pour y pouruoir : Et sur le different meu
entre les premiers Commissaires, qui pre-
tendent que les seconds qui ne les auront
remboursez, doiuent faire les roolles en
leur année suiuant l'Edict de leur creation,

lequel different apporte encores vn nou-
ueau preiudice auſdits Collecteurs, & vn
retardement à l'aſſiette de la Taille ; &
ayant eſté deſia ordonné par l'Edict des
Commiſſaires alternatifs, que les Collecteurs porteront leurs droicts aux Villes
des Eſlections, comme les autres par nous
alienez, afin de ſoulager leſdits Collecteurs & Aſſeeurs, en leur laiſſant la liberté de faire faire les roolles par qui bon leur
ſemblera, comme nous leur auons laiſſé
la faculté de les pouuoir executer ſans mi-
niſtere de Sergens : Nous auons par ce
meſme Edict actuellement deſchargé leſdits acquereurs & proprietaires des Offices de Commiſſaires des Tailles tant an-
ciens qu'alternatifs, de la façon des roolles
des Tailles à l'aduenir, leur faiſant defen-
ces de s'y plus entremettre: Et moyennant
ce, leſdits Collecteurs & Aſſeeurs retiendront à l'aduenir par-leurs mains vn ſol
tournois pour liure du reuenu deſdites Offices, pour leur indemnité, de la façon
deſdits roolles, & ſeront auſſi tenus de porter le ſurplus deſdits droicts de quartier en
quartier, ſix ſepmaines apres chacun quartier écheu, en la Ville de l'Eſlection, és
mains de celuy ordonné pour faire le re-

couurement de tous les droicts alienez,
ayant pour ce regard, dérogé & dérogeons
aux Edicts de creation desdits Commissaires qui demeurent toutesfois en leur en-
tier. Et pour donner moyen ausdits Receueurs & Payeurs de paruenir audit recouurement , Nous leur permettons de de-
cerner leurs côtraintes sur les Collecteurs
de nos Tailles & autres , ainsi & en la mesme forme qu'il est permis & ordonné aux
Receueurs de nos Tailles & Taillon pour
nos deniers & affaires. Et pour plus grande
seureté desdits acquereurs & possesseurs
desdits droicts , Nous auons rendu & ren-
dons hereditaires lesdits six deniers tournois pour liure de taxation attribuez par le
present Edict , ausdits Receueurs &
Payeurs. Voulons que vacation aduenant
par mort de leurs Offices , ou lors que les
resignations en seront taxées , que lesdits
droicts & taxations de six deniers pour liure en soient exceptez , & demeurent en
pleine & entiere dispositiõ des vefues, heritiers, & ayans cause des pourueus desdits
Offices, iusques à ce qu'ils soient remboursez de la Finance payée pour lesdites taxations, selon qu'elle sera reglée pour la taxe
qui sera faicte en nostre Conseil desdits

Offices, & specifiée és quittances de nos parties casuelles. Et pource que lesdits droicts ne peuuent estre valablement receus, ny seurement pour les acquereurs d'iceux, que par ceux qui seront pourueus desdits Offices, Nous voulons & entendons que lors que vacation par mort y escherra, ceux qui les leueront en nosdites parties casuelles, ou qui autrement pourront en estre pourueus, seront tenus de rembourser dans deux mois, à compter du iour qu'ils auront obtenu lesdits Offices, les vefues, heritiers, ou ayans cause des decedez, de ladite Finance payée pour ladite attribution de six deniers tournois pour liure de taxation, dont ils ioüyront aussi sous les mesmes facultez : Et à faute de faire ledit payement dans ledit temps, iceluy passé, & apres vne simple sommation faicte à la personne ou domicile des pourueus desdits Offices, lesdites vefues & heritiers ou ayans cause, pourront faire contraindre lesdits pourueus au payement de ladite Finance par lesvoyes ordinaires & accoustumées pour nos deniers & affaires, en vertu du present Edict, sans qu'il leur soit besoin d'autres Lettres. Permettons aux pourueus desdits nouueaux Offices de ioüyr

du benefice de la dispense des quarante
iours, ainsi que nos autres Officiers de ce
Royaume, sans neantmoins qu'ils soient
tenus à payer aucune aduance ny prest
pour le temps qui reste à expirer des neuf
années portées par nos Lettres de Decla-
ration du 22. iour de Feurier 1621. Et dautant que le maniement que feront lesdits
Receueurs & Payeurs de nos deniers, est
de somme modique, & payable sur le lieu
de leur establissemét, de quartier en quartier, Nous les auons dispensez & deschargez de bailler caution pour raison de leurdit maniement tant & si longuement que
le benefice de ladite dispense des quarante
iours aura lieu. Et pour le regard des deniers prouenans des droicts desdits proprietaires, lesdits Receueurs & Payeurs
demeureront pareillement deschargez de
leur bailler caution, attendu l'heredité
desdites taxations, & l'affectation particu-
liere de la Finance de l'attribution d'icelles, pour la seureté desdits proprietaires,
outre le corps de leursdits Offices, qui
leur demeurera affecté côcurrement auec
Nous. Et s'il aduient que pour le bien de
nos affaires & soulagement de nostre peu-
ple, Nous apportions quelque change-
ment

ment au faict defdits droicts , qui diminuë
de quelque fomme confiderable le reuenu
de ladite taxation , fera par Nous pourueu
d'indemnité & recompenfe aux pourueus
defdits Offices , à caufe de ladite diminu-
tion , foit en les remboursant de leurs deniers financez en nos coffres, ou les faifant
joüyr de pareil reuenu fur les deniers de
nos Tailles , que ce que monteront lefdi-
tes taxations de fix deniers pour liure en
l'année de leur exercice. Et s'il aduient
que ceux qui leueront lefdits Offices,
foient en exercice d'autres charges qu'on
pourroit eftimer incompatibles , ne laifle-
ront d'eftre admis& receus aufdits Offices
de Receueurs & Payeurs , & ne feront
neantmoins contraincts à refigner ny fe
demettre de l'vn defdits Offices , finon
lors que bon leur femblera : Et leur permettons de commettre à l'exercice defdits Receueurs & Payeurs perfonnes capables dont ils refpondront , qui ne iouyront d'aucuns defdits priuileges ny immunitez. Si DONNONS EN MANDEMENT
à nos amez & feaux Confeillers , les gens
de nos Comptes & de nos Aydes à Paris,
Prefidens Treforiers de France , & Generaux des Finances des Generalitez du ref-

C

sort de nosdites Cours, que chacun endroit soy, ils facent lire, publier & registrer nostre present Edict, & le contenu en iceluy, faire inuiolablement garder & obseruer, sans permettre qu'il soit mis ny donné aucun empeschement au contraire, nonobstant oppositions ou appellations quelconques, pour lesquelles & sans preiudice d'icelles ne voulons estre differé: & dont si aucunes interuiennent, Nous auons retenu & reserué la cognoissance à Nous & à nostre Conseil d'Estat, & icelle interdite à toutes nos autres Cours & Iuges. CAR tel est nostre plaisir. Et afin que ce soit chose ferme & stable à tousiours, nous auons fait mettre & apposer nostre seel à cesdites Presentes, sauf en autre chose nostre droict, & l'autruy en toutes. DONNE' à Paris au mois de Decembre l'an de grace 1626. Et de nostre regne le dix-septiesme. Signé, LOVIS. Et plus bas, Par le Roy, DE LOMENIE. Et à costé, VISA. Et seellé du grand seau de cire verte sur lacs de soye rouge & verte. Et au dessous est écrit:

Leu, publié & registré en la Chambre des Comptes, ce consentant le Procureur General

du Roy , du tres-exprés commandement de sa Majesté , & oüy la creance d'aucuns des Conseillers, Presidens & Maistres en icelle , pour auoir lieu pour les Offices y specifiez , suiuant l'Arrest de ce fait , les deux Bureaux assemblez le 23. Decembre 1626.
    Signé   B O V R L O N.

Lettres de Iussion à la Cour des Aydes sur ledit Edict.

LOVIS par la grace de Dieu, Roy de France & de Nauarre, A nos amez & feaux Conseillers , les gens tenans nostre Cour des Aydes à Paris , Salut. Ayant pour la commodité de nos Officiers des Bureaux des Tresoriers Generaux de Fráce, & de nos Eslections, & aussi des acquereurs de diuers droicts que nous auons alienez , creé en tiltre d'Offices formez, des Receueurs & Payeurs des gages & droicts des Tresoriers Generaux de France, des Officiers des Eslections & des Particuliers qui ont acquis lesdits droicts par nous alienez sur nos Tailles , Creuës & autres deniers tant ordinaires qu'extraordinaires qui se leuent sur nos subjets , aux

gages, droicts, taxations, exemptions &
priuileges portés par noftre Edict du mois
de Decembre 1626. Nous vous l'aurions
adreffé pour le verifier & faire regiftrer,
afin que nous peuffions eftre promptemēt
fecourus au befoin que nous en auons:
mais au lieu de ce faire, vous auriez par voftre Arreft du 23. Auril 1627. dit ne pouuoir entrer en la verification defdites Lettres : ce qui nous auroit donné fujet de
vous enuoyer incontinent nos Lettres Pa-
tentes en forme de iuffion du 23. defdits
mois & an , par lefquelles nous vous aurions mandé de faire regiftrer ledit Edict,
fans remife ne modification , eftimant que
vous auriez égard aux iuftes caufes & rai-
fons , qui nous auroient meu de le faire.
Neantmoins par voftre Arreft du 20. iour
de May dernier , vous auriez declaré, ne
vous pouuoir feparer de voftredit Arreft
du 23. iour d'Auril dernier; En quoy faifant
nous priuez de l'affiftance que nous nous
en eftions promis , & nous rendez innuti-
les toutes les affignations que nous auions
données , pour dépenfes tres-preffées , fur
les deniers qui en prouiendroient : ce qui
met vn tel defordre en nos affaires , que
nous auons tout fujet de nous plaindre du

peu de confideration que vous apportez à
ce qui nous touche de fi prés : A quoy defi-
rant pouruoir , & que la creation defdits
Offices ait lieu, Novs de l'Advis de
nostre Conseil , où eftoient la
Royne noftre tres-honorée Dame & Mere , plufieurs Princes & autres grands &
notables Perfonnages; Et de noftre certaine fcience pleine puiffance & authorité
Royale, Vovs mandons, ordonnons, &
tres-expreffément enjoignons par ces Prefentes fignées de noftre main ; Que fans
vous arrefter à vofdits Arrefts de refus , ny
aux motifs d'iceux , Vous ayez , tous affaires ceffans & poftpofez , à proceder à l'en-
regiftrement de noftre dit Edict du mois
de Decembre 1626. portant la creation
defdits Offices de Receueurs Payeurs des
gages & droicts des Officiers des Bureaux
des Treforiers Generaux de France , des
Eflections & des autres Particuliers qui
onr acquis lefdits droicts alienez , ainfi
qu'il eft porté par ledit Edict , fans plus
y apporter de refus , remifes ou difficulté,
ny attendre de nous autre mandement que
cefdites Prefentes , qui vous feruiront de
derniere & finale Iuffion pour ce regard.
Car tel eft noftre plaifir , nonobftant tous

Edicts , Arrests , Reglemens , & choses à
ce contraires, ausquelles nous auons dérogé & dérogeons par cesdites Presentes , &
aux dérogatoires y contenuës, enjoignant
à nostre Procureur General d'en faire les
poursuittes & requisitions necessaires, en
telle sorte que nous en ayons contente-
ment. DONNE' à Paris le 14. iour de
Iuin, l'an de grace 1627. Et de nostre regne le dix-huictiéme. Signé, LOVIS. Et
plus bas , Par le Roy , DE LOMENIE.
Et seellé du grand seau de cire jaune par-
chemin pendant & contreseelé. Et au dessous est écrit:

Leu , publié & registré par le commande-
mentdu Roy , porté par Monsieur Frere vnique
dudit Seigneur , assisté du sieur de Bellegarde,
Cheualier des Ordres de sa Maiesté, & des sieurs
de Champigny & de Leon, Conseillers en ses
Conseils d'Estat & Priué, Oüy & ce consentant
le Procureur General de sadicte Maiesté. A Pa-
ris en la Cour des Aydes les Chambres assem-
blées , le vingthuictiesme iour de Iuin, mil six
cens vingt-sept.

Signé,   DE LAISTRE.